Ora
por lo
imposible

Buddy Harrison

Ora
por lo
imposible

Cuando parece que no hay respuesta

Unilit   Sepa

Publicado por
Unilit
Miami, FL 33172

© 2012 por Editorial Unilit (Spanish translation)
Primera edición 2012

Praying for the Impossible
© 2002 por Patsy G. Harrison
P O Box 35443
Tulsa, Oklahoma 74153

Originalmente publicado en inglés con el título:
Petitioning for the Impossible – The Prayer of Supplication
© 1992 por Buddy Harrison. (Revisado)
Publicado por Harrison House Inc., P O BOX 35035, Tulsa, Oklahoma, 74153, USA.
Todos los derechos reservados.

Traducción: Adriana E. Tessore De Firpi
Fotografía de la cubierta: © 2012 Picsfive. Usado con permiso de Shutterstock.com.

Disponible en otros idiomas a través de Harrison House.
*Available in other languages from Harrison House LLC, P O Box 35035, Tulsa, Oklahoma 74153, USA, Fax
Number 800-830-5688, www.harrisonhouse.com.*

Producto 495543
ISBN 0-7899-1554-5
ISBN 978-0-7899-1554-2

Impreso en Colombia
Printed in Colombia

Categoría: Vida cristiana/Crecimiento espiritual/Oración
Category: Christian Living/Spiritual Growth/Prayer

CONTENIDO

CAPÍTULO UNO

SUPERA LO IMPOSIBLE

Nuestro Dios es el Dios de lo imposible, pero Él también espera que hagamos nuestra parte y oremos. Existen distintas clases de oración y cada una tiene su estructura. Debemos saber por qué orar, a quién orar y cómo orar.

La oración de súplica es el tipo de oración a se puede usar en las situaciones críticas donde parece que no hay otra salida. He usado esta oración durante las épocas de crisis de mi propia vida y todas recibieron respuesta en el término de tres meses.

No quisiera dar la impresión de que esta clase de oración resolverá todos los problemas que tengas, pero cuando nuestras peticiones concuerdan con la voluntad de Dios, que no es ni más ni menos que su Palabra, Él nos oye y nos responde.

Cierta vez me encontraba en una situación crítica en la que hubiera hecho una oración de fe o una oración de mutuo acuerdo para obtener una respuesta. Sin embargo, en ese entonces había aprendido acerca de otro tipo de oración que era incluso más eficaz para mi caso en particular.

En febrero de 1989, Dios nos habló a mi esposa Pat y a mí para que asistiéramos al Seminario Bíblico de Invierno del hermano Hagin. Mi compañía editorial estaba en medio de un nuevo énfasis en Biblias llamada Biblias temáticas. Estaban produciendo un fuerte impacto en el mercado cristiano. A fin de poder mantener el suministro de Biblias, debían suceder ciertas cosas.

> «TODO LO QUE PIDAN EN ORACIÓN, CREAN QUE LO RECIBIRÁN, Y SE LES CONCEDERÁ»

Mi equipo me informó que necesitaríamos una gran suma de dinero, una cifra de seis dígitos, con el propósito de llevar a cabo el proyecto. Pasaron algunos días sin que me pusiera a orar en serio por esto. El equipo me informó que teníamos diez días y yo dije: «Señor, necesito los fondos para comprar papel de Biblia y piel para las cubiertas».

A la larga, decidí ir al banco y transmitirles mi necesidad, pero solo me prestarían una parte de lo que les había pedido. El problema era que el banco no quería darme el dinero. Parte del dinero no produciría lo que necesitaba. Me hacía falta más de lo que el banco aprobó con el préstamo. En el campo natural, no había forma de que esto sucediera.

Por lo general, yo habría dependido de Marcos 11:24 que dice: «Todo lo que pidan en oración, crean que lo recibirán, y se les concederá» (RVC). No tenía esa seguridad interna tan necesaria de que recibiría cuando lo pidiera.

Cuando conoces la voluntad de Dios en un aspecto en particular, puedes tener fe en eso también. Sabía que era la voluntad de Dios que todos fueran salvos y estas Biblias temáticas podrían ayudar a que se cumpliera su voluntad.

Me costaría más dinero del que tenía y ya habían pasado siete días. Yo seguía sin esa certeza interior como para hacer una oración de fe. No sé si alguna vez has usado Marcos 11:24 sin que nada sucediera. Yo sí. A veces puedes darles vueltas a las cosas y decir: «Yo creo que recibiré, pero no lo veo, Señor». Al final, uno cae en un ritual y no ve los resultados. No era culpa de Dios, sino mía. El tiempo corría y sabía que tenía que encontrar otro camino.

A esta altura, ya estábamos en la mitad del seminario y dos de mis amigos íntimos, Happy Caldwell y Jerry Savelle, habían venido a nuestra casa. Mientras conversábamos, les dije: «Muchachos, escuchen. Oren conmigo por el dinero que necesito para estas Biblias. Ya se vendió nuestro primer cargamento, así que necesito movilizarme a fin de mantener las existencias para los pedidos que nos están llegando».

Tan solo faltaban tres días cuando les pedí a mis amigos que oraran conmigo. Yo habría orado la oración del mutuo acuerdo usando Mateo 18:19 que dice: «Si dos de ustedes en la tierra se ponen de acuerdo sobre cualquier cosa que pidan, les será concedida por mi Padre que está en el cielo» (NVI). Acababa de aprender más acerca de la aplicación de la oración de mutuo acuerdo y sabía que este tipo de oración no sería el más eficaz en esta situación.

Esta perspectiva acerca de la oración de mutuo acuerdo la obtuve un día después del culto. Se me acercó un joven y me dijo: «Hermano Harrison, ¿acaso Mateo 18:19 que dice: "Si dos de ustedes en la tierra se ponen de acuerdo sobre cualquier cosa que pidan..." (NVI) puede aplicarse a cualquier cosa?». Sin pensarlo siquiera, la respuesta salió de mi espíritu: «No». Ambos nos quedamos impactados. Me quedé pensando: *Bueno, ¿qué significa entonces?*

> **"SI DOS DE USTEDES EN LA TIERRA SE PONEN DE ACUERDO SOBRE CUALQUIER COSA QUE PIDAN..."**

Mi propia respuesta me desconcertó debido a que le respondí lo que el Espíritu Santo decía: «No, eso es para cualquier cosa *que les concierna a ambos*. Dos personas no pueden ponerse de acuerdo por el tío Juan ni la tía Susana a menos que su situación les concierna también, pero sí pueden interceder por ellos. Y este es otro tipo de oración». Al ver esto, me di cuenta de que podía hacer la oración de mutuo acuerdo *con* las personas pero no *por* ellas. Eso cambió mi manera de hacer esta clase de oración.

EL ORDEN DE LA ORACIÓN

Si no hacía la oración de fe ni la de mutuo acuerdo, me preguntaba cómo debía orar con exactitud. Después de un rato, Happy dijo: «Compañero, en nuestro grupo de intercesión estuvimos usando el orden que figura en 1 Timoteo 2 y estamos teniendo un gran éxito». De manera que acudimos a 1 Timoteo 2:1 que expresa: «Por esto exhorto, ante todo, que se hagan súplicas, oraciones, intercesiones y acciones de gracias por todos los hombres».

Cuando lo leímos, Harry comenzó a decirnos lo que había descubierto. «Aquí tenemos cuatro tipos de oración, pero tienen cierto orden». A medida que Harry señalaba el orden, me di cuenta de que Dios estaba tratando de enseñarme. Sabía que el Espíritu Santo estaba en él, por lo que me dispuse a escucharlo con atención.

> «POR ESTO EXHORTO, ANTE TODO, QUE SE HAGAN SÚPLICAS, ORACIONES, INTERCESIONES Y ACCIONES DE GRACIAS POR TODOS LOS HOMBRES»

Mientras él hablaba, comprendí que había cuatro tipos de oración y que tenían cierto orden: primero, las súplicas; segundo, las oraciones; tercero, las intercesiones; y cuarto, las acciones de gracias. Si bien cada uno de estos cuatro tipos de oración da resultado por separado, las palabras, *ante todo*, me hablan de un orden en particular. Dios opera dentro de cierto orden y nuestra tarea es identificarlo y respetarlo.

Lo lamentable es que la vida de oración de muchos esté fuera de orden y, en realidad, no resulte. Dios es un Dios de orden. Si no comprendes su orden, estropearás las cosas. Necesitas seguir su orden para que sus bendiciones se manifiesten en tu vida.

También descubrí que todas las oraciones que se mencionan en 1 Timoteo 2 están en plural. Podrían hacerse en forma colectiva o individual, y podrían hacerse muchas veces. Algunas oraciones, como la oración de fe y la oración de mutuo acuerdo, se hacen una sola vez y eso es todo. Otras oraciones, como estas, pueden realizarse una y otra vez.

Aunque la oración de fe y la oración de mutuo acuerdo son muy importantes y poderosas, casi nos hemos olvidado de las oraciones que pueden repetirse una y otra vez. No es una crítica. Solo quiero rectificar que a veces hemos priorizado un tipo de oración más que otro. Hemos enfatizado en gran medida la oración de fe y la oración de mutuo acuerdo y las hemos usado cuando debíamos de haber empleado otros tipos de oración.

A medida que Happy seguía enseñándonos lo que había descubierto en aquel pasaje, el

Espíritu guió a Jerry a decir: «Tenemos que orar por el gerente del banco y el comité». Entonces comprendí. Esta oración de 1 Timoteo 2 era por los *hombres* (las personas) y no por el dinero. Las personas son las que tienen el dinero. Dios no tiene dinero en el cielo. En mi situación, el gerente del banco tenía la responsabilidad del dinero. Era, además, el que tenía la autoridad para decidir la inversión de ese dinero.

Lo que el Espíritu le había dado a Jerry cobró vida dentro de mí, y comenzamos a orar por el gerente del banco a fin de que si tenía que responder ante algún comité, pudiéramos contar con su favor, y que si tenían alguna política que les impidiera darnos el préstamo, estuvieran dispuestos a modificarla en este caso.

Luego, Jerry insistió en que escribiéramos esa oración. Él dijo que era porque la primera palabra, rogativa, significa «petición»[1]. Si íbamos a elevar una petición a las autoridades de la ciudad, del estado o del país, debería de hacerse un pedido formal por escrito. Decidimos escribir nuestra oración con un formato de petitorio legal. Ocupaba toda una página. Para cada frase que escribíamos, agregábamos una referencia de las Escrituras al margen. A veces, incluíamos la referencia bíblica dentro del petitorio.

Trabajando en forma conjunta, nos fuimos poniendo de acuerdo para expresar con exactitud lo que estábamos pidiendo. Al buscar en las Escrituras las promesas que reclamábamos, mi fe comenzó a crecer y mi espíritu humano comenzó a experimentar un mayor convencimiento de que lo que estaba pidiendo era acorde a la voluntad de Dios para mi vida. Al terminar, oramos esa petición. Entonces supe con certeza que nuestra oración se haría manifiesta.

Estaba tan emocionado que llamé al gerente general de la editorial y le dije: «Llama al banco porque nos darán el dinero». Mi emoción se debía a que lo había escuchado del cielo. Tenía la prueba del espíritu.

A la mañana siguiente, el gerente de la editorial llamó al banco. Lo primero que le respondió el banquero fue: «Hemos reconsiderado esta solicitud y podemos darle un préstamo por una parte de lo solicitado». Esperó a que continuara. Entonces, el banquero dijo: «Usted sabe que jamás le hemos prestado dinero de sus cuentas del exterior, las cuentas de los autores, ni contra reembolso, pero modificaremos nuestra política en este caso». Nuestra plegaria recibió la respuesta. Al sacar un préstamo de nuestras cuentas y sumarlo a lo que estaban dispuestos a concedernos, conseguimos reunir lo necesario para las Biblias temáticas.

Puse en práctica lo que había aprendido durante esa semana. En muy poco tiempo comencé a ver las respuestas a las peticiones que hice. Desarrollé una mayor hambre por la Palabra, un amor más fuerte por las personas y una relación más íntima con Dios.

CAPÍTULO DOS

ESCRIBE LA PETICIÓN

Por esto exhorto, ante todo, que se hagan súplicas, oraciones, intercesiones y acciones de gracias por todos los hombres; por los reyes y por todos los que están en eminencia, para que llevemos una vida tranquila y reposada en toda piedad y dignidad. Esto es bueno y aceptable delante de Dios nuestro Salvador, quien quiere que todos los hombres sean salvos y que lleguen al conocimiento de la verdad. Porque hay un solo Dios y un solo mediador entre Dios y los hombres, Jesucristo hombre, quien se dio a sí mismo en rescate por todos, de lo cual se dio testimonio a su debido tiempo.

1 Timoteo 2:1-6

La súplica es el primer tipo de oración mencionada en este pasaje y es una de las oraciones más poderosas en la Palabra de Dios porque es muy específica y exacta. Algunas oraciones son generales y producen respuestas generales. En este tipo de oración no puedes dejarte llevar por la inspiración. Debes dedicar un tiempo para ponerlo por escrito.

Una visión no se hará realidad a menos que la pongas por escrito. Habacuc nos recomienda que pongamos la visión por escrito y que resalte para que se pueda leer de corrido (Habacuc 2:2, NVI). En ocasiones, nos perdemos en el reino de Dios solo porque no nos hemos tomado el tiempo para poner las cosas por escrito. Cuando lo hacemos, somos capaces de superar lo que parece imposible.

La progresión en la oración que sugiere 1 Timoteo 2:1 me ha llevado a saber que mis oraciones reciben respuesta cuando pido. Cuando me cuesta discernir la voluntad de Dios en algún asunto, cuando me falta la fe, cuando no tengo convencimiento interior o necesito que alguien ore de común acuerdo conmigo por una situación que parece imposible, empleo la oración de súplica.

En realidad, existen tres definiciones para la palabra súplica: 1) una petición, 2) un ruego, o 3) una petición humilde[1].

La primera definición de súplica en este verso es «petición», según *Strong*[2]. Una petición es un «pedido formal por escrito[3]». Se escribe con términos formales que tienen que ver con el aspecto legal del asunto. Cumple con ciertos parámetros aceptables, adecuados y legales y se dirige a una persona o grupo en eminencia. Además, exige que se cumplan ciertas acciones judiciales.

En 1 Timoteo 2:1 el término griego para *súplica* es *deesis*. En el Nuevo Testamento, esta súplica «se dirige siempre a Dios», como Autoridad Suprema[4].

Un *ruego es* una «petición fervorosa». Cuando la petición tiene esta característica es «1) seria e intensa; no se hace en broma ni de manera informal; celosa y sincera; convencida en lo profundo; 2) decidida, fija; y 3) seria; importante; no trivial»[5].

Es un momento en que estás decidido. Se manifiesta intensidad. La intensidad está presente. La palabra griega empleada aquí para súplica, *deesis*, «destaca el sentimiento de necesidad» antes que el simple anhelo o deseo[6].

La oración pasiva es comunión con Dios; la súplica es intensa. Santiago 5:16 habla acerca de la oración ferviente del justo y dice que puede mucho. Jesús se refirió a los días de Juan el Bautista.

«Desde los días de Juan el Bautista hasta ahora, el reino de los cielos sufre violencia, y los violentos se apoderan de él» (Mateo 11:12). Hasta que no te conviertas en violento con algunas cosas, estas jamás se llevarán a cabo. Debes hacerte a la idea de que necesitas tenerlas y que será de esa manera.

Hay ciertos privilegios para los audaces y muchos no lo comprenden. Dios nos dice que nos acerquemos «confiadamente al trono de la gracia para recibir misericordia y hallar la gracia que nos ayude en el momento que más la necesitemos» (Hebreos 4:16, NVI). Muchos no conocen la voluntad de Dios; por lo tanto, a la hora de orar, se ponen a jugar. Dios quiere que te acerques con seriedad, sabiendo lo que dice su Palabra y lo que necesitas.

> «DESDE LOS DÍAS DE JUAN EL BAUTISTA HASTA AHORA, EL REINO DE LOS CIELOS SUFRE VIOLENCIA, Y LOS VIOLENTOS SE APODERAN DE ÉL»

La persona desesperada y necesitada no dice: «Bueno, Señor, si tú lo crees, estaría bien». Cuando te enfrentas a una situación de vida o muerte, debes ser preciso y audaz. Tienes que acercarte al trono y decirle al Señor: «En tu Palabra dices que esto es así, y no quiero que sea de otra forma». Esto no es pasarse de listo con Dios, sino que es recordarle su Palabra (Isaías 43:26).

Muchas veces, la lucha en oración es aceptar la voluntad de Dios. Incluso Jesús luchó contra la voluntad de Dios para su vida. «Y estando en agonía, oraba con mucho fervor; y su sudor se volvió como gruesas gotas de sangre, que caían sobre la tierra» (Lucas 22:44, LBLA). Algunas cosas por las que ores pueden ser tan difíciles que se produzca una lucha entre lo espiritual y lo natural.

Jesús oró hasta que la voluntad de su alma estuvo en conformidad con la voluntad de su Padre. Oró hasta llegar al punto de decir: «pero no se haga mi voluntad, sino la tuya» (Lucas 22:42). Su mente, su voluntad y sus emociones se transformaron en sometimiento a la voluntad de Dios. Nosotros, al igual que Jesús, necesitamos orar hasta que nuestra voluntad esté en armonía

> «Y ESTANDO EN AGONÍA, ORABA CON MUCHO FERVOR; Y SU SUDOR SE VOLVIÓ COMO GRUESAS GOTAS DE SANGRE, QUE CAÍAN SOBRE LA TIERRA»

> **«Y CUANDO PIDEN ALGO, NO LO RECIBEN PORQUE LO PIDEN CON MALAS INTENCIONES, PARA GASTARLO EN SUS PROPIOS PLACERES»**

con la voluntad de Dios, pues solo entonces podemos tener la seguridad de que Él responderá.

Según Santiago 4:3: «Y cuando piden algo, no lo reciben porque lo piden con malas intenciones, para gastarlo en sus propios placeres» (RVC). Cuando te humillas y sometes tu voluntad a la voluntad de Dios, tus oraciones recibirán respuesta debido a que oras según su voluntad. Tu alma prospera porque sometiste tu voluntad a su voluntad. Tus emociones están bajo su control. Tu mente puede ser selectiva en su proceso de pensamiento y podrás tomar mejores decisiones porque las harás conforme a la Palabra de Dios.

Casi todas las cartas escritas por Pablo incluían sus oraciones por esa congregación. Aunque en muchas oportunidades tuvo que hacerle frente a conflictos en la iglesia, también les decía que oraba por ellos. Influía en sus vidas con sus cartas porque ponía por escrito la súplica que hacía a su favor.

En Efesios 1:16-19 (RVC), no cesa de dar gracias por ellos, los recuerda en sus oraciones. Le pide al Señor que les dé el espíritu de sabiduría y de revelación en el conocimiento de Él, que les dé la luz necesaria para que sepan cuál es la esperanza a la que les ha llamado, cuáles son las riquezas de la gloria de su herencia y cuál es la supereminente grandeza de su poder.

En Efesios 3:14-19, dobla sus rodillas pidiéndole al Señor que los fortalezca con poder por su Espíritu para que Cristo habite en sus corazones por medio de la fe, de modo que puedan estar arraigados y fundamentados en amor, y que sean plenamente capaces de comprender y de conocer el amor de Cristo. Por último, pide es que sean llenos de toda la plenitud de Dios.

En Filipenses 1:9-11 (RVC), pide en oración que su amor abunde en conocimiento y en buen juicio para que disciernan lo que es mejor y sean puros e irreprochables para el día de Cristo.

En Romanos 15:30, les pide «que se unan a mi lucha orando a Dios por mí» (NTV). Les pidió a las iglesias que se le unieran en oración. La frase clave es *que se unan a mi lucha*, lo cual significa: «luchar en compañía de»[7]. Literalmente, esta palabra significa: «competir por un premio» y en sentido figurado significa: «contender con un adversario»[8]. La iglesia era capaz de unírsele en la lucha con oración de manera más atenta debido a que Pablo puso su oración por escrito. Podían ponerse de acuerdo en un mayor grado y estar más seguros de que pedían lo mismo.

Las oraciones unidas de este tipo pueden ser muy poderosas. Hechos 4:31 relata que el lugar donde estaban los creyentes tembló después que oraron de común acuerdo.

SÚPLICAS EN LOS SALMOS DE DAVID

Mientras las plegarias en las epístolas se refieren a la iglesia actual y la voluntad de Dios para nuestra generación, los Salmos también contienen varias plegarias. En el Salmo 119:170, el salmista hace una súplica: «Llegue mi súplica delante de Ti; líbrame conforme a Tu palabra» (NBLH). Dios libra de acuerdo a su Palabra.

En el Salmo 28:2, David dice: «Escucha la voz de mis súplicas cuando a Ti pido auxilio» (NBLH). En el versículo 6 continúa diciendo: «Bendito sea el SEÑOR, porque ha oído la voz de mis súplicas» (NBLH). Y en el versículo 7, continúa diciendo: «Tú, Señor, eres mi escudo y mi fuerza; en ti confía mi corazón, pues recibo tu ayuda» (RVC). Para mí esto parece una oración contestada.

Siempre tendremos la seguridad de que Dios escucha y responde todas nuestras peticiones si estas están basadas en la voluntad de Dios, la cual es su Palabra. El Salmo 30:8-12 dice: «A Ti, oh Señor, clamé, y al Señor dirigí mi súplica [...] Tú has cambiado mi lamento en danza; has desatado mi ropa de luto y me has

> «A Ti, oh Señor, clamé, y al Señor dirigí mi súplica [...]

ceñido de alegría; para que *mi* alma Te cante alabanzas y no esté callada» (NBLH).

Dios escuchó la súplica de David y respondió. Dios escuchará también tu súplica y responderá. Él desea obrar a tu favor.

Una vez que comencé a ver lo que las Escrituras dicen acerca de escribir mis peticiones, empecé a enseñarle a mi personal acerca de esto. En aquel entonces, el ministerio poseía parte de una hermosa propiedad en la cima de una montaña. Contaba con cuatro hectáreas de bosques con dos riscos que descendían sesenta metros hasta un lago.

El Señor me habló acerca de vender esa propiedad porque planeaba usarla para los pastores y quería que nosotros tuviéramos otra propiedad a menos de una hora de viaje desde la oficina, y no a cinco horas como la nuestra. Mi equipo y yo oramos al Señor por la venta de la propiedad y recibí en mi espíritu la cifra que debíamos solicitar por la misma. Una semana más tarde, teníamos en nuestras manos un contrato que superaba en cinco mil dólares la cifra que había recibido en mi espíritu. Pagamos esa cantidad a la persona que hizo la transacción y recibimos la cantidad que sabía que el Señor me dijo que esperara.

Además, comencé a enseñarle a la gente de varias iglesias acerca de poner la petición por escrito. Cierta vez prediqué sobre esto en una iglesia de Tucson. Al día siguiente, un ingeniero de esa congregación fue a su trabajo y lo despidieron de su compañía.

Mientras recogía sus cosas, se topó con su Biblia, y de inmediato vino a su mente la idea de que debía presentar una súplica como la que le había enseñado. Tomó su Biblia, se sentó en su escritorio, buscó en las Escrituras y puso su petición por escrito. Antes de abandonar el edificio, un hombre de otro sector de la compañía se le acercó y lo contrató ofreciéndole más dinero. La pérdida de tu empleo puede ser una situación crítica. Dios no quería que él se quedara sin nada; en cambio, recibió un aumento.

Una mujer había recibido llamadas de parte de otra mujer que le decía que su esposo le estaba siendo infiel. Ella había notado ciertos indicios de que esto podría ser verdad, pero se negaba a creerlo. Entonces decidió escribir una súplica de protección. Pidió que se eliminara de la vida de su vida esposo cualquier influencia o persona que lo afectara de manera adversa. Al poco tiempo, la actitud del esposo cambió y su relación se fortaleció tanto que tuvo la seguridad de que no lo molestarían más.

Otra mujer deseaba que aceptaran a su hijo en cierto programa de educación que sentía que lo necesitaba. El programa no quería aceptarlo porque opinaban que su situación no era lo bastante grave, pero él no recibía la ayuda que necesitaba en la escuela regular. Después que escuchó mi enseñanza, escribió su súplica presentando su situación. En un par de semanas, se comunicaron con ella y le dijeron: «Tenemos una vacante, así que procederemos y lo aceptaremos».

CAPÍTULO TRES

DE REGRESO
A LA PETICIÓN

En las súplicas, tienes que ver con la voluntad revelada de Dios. La voluntad de Dios que conocemos está escrita en su Palabra. Si le permites al Espíritu Santo que te guíe y que te recuerde las Escrituras, puedes escribir tu petición bajo la unción del Espíritu Santo. Si esto concuerda con su Palabra, puedes estar seguro de que será parte de su voluntad para ti.

En Isaías 43:26, Dios dijo: «Házmelo recordar; entremos juntos a juicio. Habla tú para justificarte». Su Palabra en su voluntad. Cuando alguien pone por escrito su voluntad en un testamento, está escribiendo un documento legal. Tu Biblia es un documento legal y un testimonio de cuál es la voluntad de Dios.

Cuando alguien muere, se designa un albacea para llevar a cabo el testamento. Tiene la responsabilidad de asegurarse que se siguen las instrucciones al pie de la letra. Jesús murió para asegurarse de que se cumpliera la voluntad de Dios, y resucitó para velar por esto. Él cumple su propia voluntad. Lo que figura en ese documento legal nos pertenece a nosotros.

Somos nuevas criaturas. Las cosas viejas pasaron y todas son hechas nuevas (2 Corintios 5:17). Somos cabeza y no cola. Estamos por encima y nunca por debajo (Deuteronomio 28:13). Todas las bendiciones de Dios son legalmente nuestras.

Si no sabes qué cosas te pertenecen por derecho de acuerdo con la Palabra de Dios, jamás podrás experimentar todo lo que Dios tiene para darte. Tu petición establece, para ti y para quienes piden contigo, la voluntad revelada de Dios. Este es el aspecto legal de la petición. Una vez que se establece en ti, estás en conexión para experimentar la voluntad de Dios en tu vida. Este es el aspecto vital, el lado de la vida práctica. Debe darse el lado legal antes de que puedas experimentar el lado vital. Si sucede de otro modo, solo apunta el logro a la misericordia y la gracia de Dios obrando a tu favor.

Por ejemplo, si compras una casa, no puedes disfrutar de vivir en ella hasta que hayas completado todo el papeleo legal y la hayas pagado. Hay un aspecto legal de tener una casa, y un lado vital de vivir en ella. Lo mismo pasa con las promesas de Dios. Desde el punto de vista legal, las promesas de Dios se

> «ES PUES LA FE LA SUSTANCIA DE LAS COSAS QUE SE ESPERAN, LA DEMOSTRACIÓN DE LAS COSAS QUE NO SE VEN»

compraron, se adquirieron y se pagaron, pero entonces está el lado vital, donde tienes la posibilidad de experimentar en realidad las promesas de Dios en tu vida. En el ámbito de la iglesia, muchas veces tratamos de ocuparnos del lado vital cuando aún no comprendemos el aspecto legal.

En un juicio, uno se enfrenta a hechos, evidencias y pruebas. Los hechos de la Palabra de Dios son determinantes. Tu fe es tu evidencia. «Es pues la fe la sustancia de las cosas que se esperan, la demostración de las cosas que no se ven» (Hebreos 11:1, RVA). La Palabra de Dios se convierte en la prueba para ti y para el enemigo de que tienes lo que crees.

> **«SU COMPASIÓN JAMÁS SE AGOTA. CADA MAÑANA SE RENUEVAN SUS BONDADES; ¡MUY GRANDE ES SU FIDELIDAD!»**

En una súplica tienes que ver con la voluntad revelada de Dios y apelas al Tribunal Supremo del cielo.

Satanás es el que preside su reino (2 Corintios 4:4). Él tiene fuerzas espirituales malignas en las regiones celestiales. Tiene poderes, autoridades y potestades de las tinieblas (Efesios 6:12). Él es el acusador de los hermanos (Apocalipsis 12:10). Si te apartas un poco del camino, allí estará él para condenarte. Si cometes un error, puede legalmente aprovecharse de ti. Es legalista.

Dios no es legalista. Cuando fallas, Él está allí para restaurarte. Lamentaciones 3:22-23 promete que «su compasión jamás se agota. Cada mañana se renuevan sus bondades; ¡muy grande es su fidelidad!» (NVI). Dios obra a tu favor y no en tu contra. Él es el Juez Supremo del universo. Cuando presentas tu apelación ante Él, te estás dirigiendo al Tribunal Supremo del cielo.

Dios es el Dios Altísimo. No hay nadie que sea mayor que Él. Cuando usas su Palabra en su tribunal, tú ganas. Cuando sabes eso, te vuelves más audaz. No fallarás nunca. Hay una manera de orar con absoluta confianza de que no habrá dudas ni interrogantes de que tendrás la respuesta.

Tienes un Abogado: Jesús (1 Juan 2:1). Él es el abogado que defiende tu caso. Cualquier cosa que le digas, Él la usa para defenderte. Si usas su Palabra para defender tu caso en el tribunal de su Padre, el resultado es seguro. El caso está resuelto.

Tienes al Espíritu Santo que es el representante de la justicia. Un juez puede decretar una cosa y juzgar sobre eso, pero debe de haber alguien que haga respetar lo decretado. El Espíritu Santo se asegura de que la Palabra de Dios llegue a la tierra. Los ángeles también hacen su parte.

En Hechos 4, Pedro y Juan le predicaban a la gente, y los sacerdotes los prendieron y los echaron a la cárcel durante la noche. Cuando los sacerdotes los liberaron al día siguiente, regresaron con su grupo.

Después que contaron lo sucedido, todos «alzaron unánimes la voz en oración a Dios» (Hechos 4:24, NVI). Se alza la voz unánime cuando todos dicen lo mismo. Una manera segura de que todos digan lo mismo es poner por escrito la petición. Pareciera que incluso la iglesia primitiva había escrito su petición. Así figura en las Escrituras.

Su ruego parece seguir las formas de una petición. Comenzaron en Hechos 4:24 al enumerar las Escrituras relacionadas con su situación. En primer lugar, recurren a Génesis y ensalzan al Dios de toda la creación. Le recuerdan a Él y a sí mismos que Él creó los cielos, la tierra, el mar y todo lo que hay en ellos. Luego, recurren a los Salmos y citan las palabras de David en el Salmo 2:1-2 referentes al rechazo del Mesías y su Ungido.

En los versículos 26 y 27, identifican cuatro clases de personas que se ponen en contra de Cristo: los reyes de la tierra, los gobernantes de Israel, los gentiles y el pueblo de Israel. En el versículo 29, le piden al Señor que tome en cuenta las amenazas que les lanzan esas mismas personas.

Una vez identificados los pasajes de la Escritura que se ajustan a su situación, hacen su petición y le piden valentía para hablar su Palabra y para hacer señales y maravillas en el nombre de Jesús. Su petición estaba en armonía con la voluntad de Dios, la cual es ir a todo el mundo y predicar el evangelio a toda criatura (Marcos 16:15). Habían completado el aspecto legal de su petición. Ahora estaban listos para experimentar el lado vital.

No tuvieron que esperar demasiado, debido a que, en el versículo 31, se responde su primera petición cuando el lugar donde estaban parados tembló; todos estaban llenos del Espíritu Santo y comenzaron a predicar la Palabra con valentía. Su segunda petición se respondió poco después cuando salieron a la calle. Hechos 5:12 menciona que se produjeron muchas señales y milagros entre las personas por medio de los apóstoles.

La súplica se respondió; una parte al instante y la otra más tarde. Dios está siempre listo para responder tus súplicas porque Él vive lo eterno ahora. Dios es el gran Yo Soy (Éxodo 3:14). *Soy* está en tiempo presente. Él está listo para hacerlo ahora, así que cuando ores, cree que las promesas de Dios son en Él sí y en Él amén en Cristo Jesús (2 Corintios 1:20, RV-60).

UNA PETICIÓN PERSONAL

Escribe tu propia petición a Dios. No puedes copiar la súplica de otra persona. Tienes que buscar en la Palabra de Dios y escribir tu petición personal. Tienes que saber por qué dijiste lo que dijiste y debe ser algo real para ti. El Espíritu Santo te guiará a toda verdad. Puedes recorrer las epístolas, los Salmos y los Proverbios. A medida que leas la Palabra de Dios y la estudies, irás descubriendo porciones que sabes que encajan a la perfección en tu petición. Márcalas y escríbelas para tenerlas como referencia al comenzar.

La única advertencia es que no incluyas fechas en tu petición. Yo lo hice un par de veces y no recibí respuesta durante varios meses. Mi espíritu permaneció dolido, pero no comprendía el porqué. El Señor me dijo: «Revisa tus peticiones». De manera que fui a fijarme y Él me dijo: «¿Sabes por qué no se han respondido y por qué te sientes frustrado en tu espíritu? Porque pusiste fechas en tu petición. Puedes tener metas sin establecer fechas».

Entonces vino a mi mente Marcos 11:24 que dice: «Todo lo que pidan en oración, crean que lo recibirán, y se les concederá» (RVC). El énfasis está en creer que recibirán *lo que pidan en oración*. Excepto esas dos peticiones en las que incorporé fechas, todas se respondieron en el término de uno a noventa días.

Al poner tu petición por escrito, quizá quieras tomar como referencia la que puse más abajo. No obstante, escribe la tuya como mejor te dé resultados.

PETICIÓN ORIGINAL DEL QUE PIDE

Efesios 6:17-18   **Presentamos esta petición a Dios basados en su Palabra. La presentamos ante la más alta Autoridad del universo por encima del Tribunal Supremo.**

Romanos 13:1

1 Juan 2:1-2   **Me representa Jesucristo, mi Abogado. Por su asesoría se produjo un cambio de representación, y Satanás ya no me representa porque él no es mi señor ni mi abogado.**

Colosenses 1:13

Salmo 100:4   **Estoy agradecido de poder hacer mi petición ante esta corte, porque Dios ha hecho grandes cosas por mí.**

Salmo 116:1-2

Salmo 136

Salmo 118:1-6
Salmo 105:5-8
Salmo 18:1-6

Mi cuenta ha sido identificada por la Palabra escrita y nuevamente quiero expresar mi gratitud. Se garantiza plenamente la redención para los solicitantes.

El fundamento para garantizar la redención en el convenio está establecido por el Antiguo Pacto con Abraham, dado que no

Hebreos 6:13

puede jurar por otro más grande, juró por sí mismo. Sin embargo, cuento con un pacto

Hebreos 8:6
Gálatas 3:29
Gálatas 3:13-14

mejor establecido en mejores promesas. Me convertí en un heredero por medio de mi Representante, Jesús, cuando Él selló

| Colosenses 2:13,14 | **mediante su sangre** |
| Hebreos 9:15 | **por un Nuevo Pacto.** |

Anota los
versículos que
se ajusten a
tus peticiones
específicas en
la columna
que sigue

**Por lo tanto, tengo
el pleno derecho de
presentarme y hallar
la redención deseada
y tú, Dios mío,
tienes la autoridad
para dictar sentencia
sobre este asunto.**

_____
_____
_____

**De manera que
pido que se me
conceda la siguiente
petición específica de
redención:**

1. _____
_____

2. _____
_____

3. _____
_____

Juan 10:10	**Satanás ha venido como ladrón para robar, matar y destruir, pero tu promesa para mí está en tu Palabra y por medio**
Salmo 119:170	**de tu Espíritu que me has dado. Esta es una oración de un solicitante y te pido un juicio sumario.**
Salmo 4:6-8 1 Juan 5:14-15	**Entrego a ti todas mis preocupaciones, pues sé que me has escuchado.**
Salmo 103:20	**De manera que se ordena, se declara y se decreta que el solicitante reciba la redención solicitada en esta petición de manera inmediata según lo expresa Marcos 11:23-24.**

Salmo 103:20 **Sea ordenado, declarado y decretado que los agentes de Dios implementen tales conclusiones de manera inmediata y en conformidad con la Palabra. En otras palabras, Espíritu Santo y ángeles: cumplan la Palabra de Dios.**

Una vez más, permíteme agradecerte por todo lo que has hecho y lo que estás haciendo ahora. Sé que seguirás bendiciendo a todos los que te ven y te sirven.

PETICIÓN HECHA EL DÍA _____ DEL MES DE
_____ DE 20____.

SOLICITANTES:

_____
(Nombre)

_____
(Nombre)

_____
(Nombre)

_____
(Nombre)

_____
(Nombre)

_____
(Nombre)

RESPONDIDA EL DÍA _____ DEL MES DE
_____ DE 20____.

ESTABLECIDA EN LA VOLUNTAD REVELADA DE DIOS

Esta petición es, en realidad, un modelo de declaración de tus derechos y de tus privilegios. Cuando escribes tus peticiones basándote en la Palabra de Dios, estás estableciendo la voluntad revelada de Dios. Cuando oras en voz alta, edificas tu fe en lo que ya conoces, porque «la fe viene como resultado de oír el mensaje, y el mensaje que se oye es la palabra de Cristo» (Romanos 10:17, NVI). La fe es esencial en la oración, porque la fe es el reconocimiento y la sujeción de tu persona y tus cuestiones a la fidelidad de Dios. Cuando estás fundado en el conocimiento de la voluntad de Dios, puedes pedir con fe sin titubeos de manera que puedas recibir de parte del Señor lo que ya Él te ha prometido (Santiago 1:5-8).

Cuando presentes tu petición, debes orar como si ya tuvieras lo que pides. Hebreos 11:1 dice que la fe está en el ahora, no en el pasado ni en el futuro. Está en el presente. Hay certeza en esto. Si el tiempo pasa y la petición que hiciste no sientes que se cumpla, vuelve a leerla hasta que la interiorices. Porque «sin fe es imposible agradar a Dios» (Hebreos 11:6).

ORA MEDIANTE LA PETICIÓN

La Palabra dice en 1 Juan 5:14-15 que «si pedimos algo conforme a su voluntad, él nos oye. Y si sabemos que él nos oye en cualquier cosa que pidamos, sabemos que tenemos las peticiones que le hayamos hecho». Según lo que expresa el versículo, primero debemos *pedir* conforme a su voluntad, y segundo, debemos *saber* que Él nos oye.

Tanto la Palabra de Dios como la oración se mencionan cuando Pablo le habla a la iglesia en Éfeso acerca de la guerra espiritual. En Efesios capítulo 6, Pablo expone sobre la armadura de Dios.

> **Por lo tanto, echen mano de toda la arma-
> dura de Dios para que, cuando llegue el
> día malo, puedan resistir hasta el fin y per-
> manecer firmes. Por tanto, manténganse
> firmes y fajados con el cinturón de la ver-
> dad, revestidos con la coraza de justicia, y
> con los pies calzados con la disposición de
> predicar el evangelio de la paz. Además de
> todo esto, protéjanse con el escudo de la
> fe, para que puedan apagar todas las fle-
> chas incendiarias del maligno. Cúbranse
> con el casco de la salvación, y esgriman
> la espada del Espíritu, que es la palabra
> de Dios. Oren en todo tiempo con toda
> oración y súplica en el Espíritu, y mantén-
> ganse atentos, siempre orando por todos
> los santos.**
>
> **Efesios 6:13-18**, RVC

Cuando Pablo menciona la armadura, habla de las partes defensivas y ofensivas que la componen. La Palabra de Dios y la oración son las únicas partes de la armadura que son ofensivas mientras que el resto son defensivas. Cuando estamos en la ofensiva, avanzamos contra el enemigo en vez de solo cuidar nuestro territorio. Al tomar una posición ofensiva, podemos reclamar lo que nos pertenece por derecho. Eso es lo que hace la oración de súplica.

La mayor parte del tiempo, pensamos que la espada del Espíritu está en nuestra mano, pero en realidad está en nuestra boca. Cuando Pablo le escribió a la iglesia, lo hizo a través de una carta. Cuando escribes una carta, no la divides en frases ni le pones números. La numeración de los versículos se le añadió más tarde a fin de que podamos usarla como referencia cuando la estudiamos, pero las cartas originales no estaban divididas.

Si leemos Efesios 6:17-18 (rv-60) dejando de lado la puntuación y los números con la idea de recuperar la fluidez del lenguaje, se leería así: *Y tomad el yelmo de la salvación y la espada del Espíritu que es la palabra de Dios orando*. De esta manera se enfatiza que la espada del Espíritu es orar la Palabra de Dios. Jesús es la Palabra. Jesús sabe cómo orar y Él es poderoso.

Si en su lugar uso el equipamiento que Dios me ha dado, la Palabra de Dios orando, sus Palabras se convierten en mis palabras. Tomo su Palabra y la oro. Isaías 55:11 dice: «Así será mi palabra que sale de mi boca: No volverá a mí vacía, sino que hará lo que yo quiero, y será prosperada en aquello para lo cual la envié».

Fíjate además que es la Palabra de Dios la que se está «orando en todo tiempo con toda oración» (Efesios 6:18, rv-60). La versión *La*

> «ASÍ SERÁ MI PALABRA QUE SALE DE MI BOCA: NO VOLVERÁ A MÍ VACÍA, SINO QUE HARÁ LO QUE YO QUIERO, Y SERÁ PROSPERADA EN AQUELLO PARA LO CUAL LA ENVIÉ»

Biblia al Día dice de este versículo: «Pidan a Dios cualquier cosa que esté de acuerdo con los deseos del Espíritu». Donde muchas veces hemos cometido el error es en que hemos usado la oración equivocada para determinadas situaciones. Nos falta conocimiento en determinados aspectos, y Dios desea expandir nuestro conocimiento debido a que es una parte vital para vivir una vida victoriosa.

Si avanzamos en el versículo 18, Pablo dice: «Oren en todo tiempo con toda oración y súplica en el Espíritu, y manténganse atentos, siempre orando por todos los santos» (RVC). Se trata de la súplica *en el Espíritu [...] por todos los santos*. Debemos orar por nuestros hermanos y hermanas en el Señor y hacerlo unos por otros. Esto es parte de la armadura de Dios. La armadura es algo más que orar en el Espíritu Santo. Es orar también la Palabra de Dios. Literalmente, lo que oramos es la Palabra de Jesús.

Tienes la espada del Espíritu que sale de tu boca, la cual es orar la Palabra de Dios. Es tan poderosa y dinámica que estás orando su Palabra que tiene vida eterna (Isaías 40:8). Si Él negara su Palabra, estaría negándose a sí mismo. Y Dios no puede negarse a sí mismo (2 Timoteo 2:13). Él es quien es y su Palabra lo ha dicho. Por lo tanto, deberá ser así.

Se puede orar una súplica más de una vez. En cada situación que me parece que las circunstancias no se ajustan a mi petición, saco a relucir mi súplica y vuelvo a orarla de nuevo. Esto aumenta mi fe y me da seguridad; de modo que permanezco firme y sin titubeos. Oro hasta que me siento arraigado en esto. Tarde o temprano, va a tener lugar. Y la mayoría de las veces es más temprano que tarde.

La iglesia oró sin cesar (Hechos 12:5-17). Pedro estaba cerca de su muerte (Hechos 12:1-4). La iglesia oraba usando la armadura de Dios. Comenzaron en la mañana y siguieron hasta la noche. Dios estaba obrando, pero ellos no lo sabían aún.

El versículo 5 dice: «Pedro estaba bajo guardia en la cárcel, pero la iglesia sin cesar hacía oración a Dios por él». *Sin cesar* significa literalmente «extendido», lo cual «significa intenso, ferviente»[1].

Una persona, o un animal, se extiende de manera intensa a medida que se acerca a la línea de llegada cuando corre una carrera. Con toda intensidad y fervor intentan alcanzar el otro lado.

En las súplicas en el Espíritu, el Espíritu Santo comienza a intervenir y hacerse cargo. Aunque quizá no ores en lenguas, oras por el poder del Espíritu de Dios (Romanos 8:26-27). Descubrirás que te extenderás a fin de agarrarlo, sujetarlo y aferrarte a eso.

La iglesia estaba ocupada en algo serio porque Pedro estaba en problemas. No era una oración pasiva, sino activa. Era una oración que produjo la liberación sobrenatural de Pedro cuando él todavía estaba encadenado. Esa misma noche, mientras Pedro dormía, un ángel del Señor fue hasta la prisión y le dijo: «¡Levántate pronto!» (Hechos 12:7).

Las cadenas cayeron de las manos de Pedro y él siguió al ángel fuera de la prisión, atravesó la puerta y salió a la calle. De inmediato, el ángel lo abandonó y Pedro volvió con el grupo que había estado orando por *él* sin cesar. Su súplica intensa e inmediata a su favor durante la noche le había salvado literalmente la vida.

La iglesia había hecho su petición de acuerdo a la voluntad de Dios. Habían cumplido la primera condición mencionada en 1 Juan 5:14-15.

También cumplían la segunda condición, que es saber que Él nos oye. Siguieron orando hasta que estuvieron convencidos.

He descubierto que la progresión en la oración que sugiere 1 Timoteo 2:1 me llevó al lugar del conocimiento. Una vez que lo sé, nada ni nadie puede evitar que yo reciba las peticiones que deseo de Él. Su Palabra y el testimonio de su Espíritu con mi espíritu me da la seguridad de que lo que pido ya lo tengo, y Él no negaría su Palabra.

El segundo tipo de oración mencionada en 1 Timoteo 2, se suele relacionar con la súplica en otros pasajes de la Escritura (Hechos 1:14; Efesios 6:18; Filipenses 4:6; 1 Timoteo 5:5). Las *oraciones*, en 1 Timoteo 2:1 significa «adoración»[2].

La adoración espiritual, a diferencia de la adoración mental o física, es en realidad una forma de oración. En Juan 4:24 dice: «Dios es espíritu; y es necesario que los que le adoran, le adoren en espíritu y en verdad». Como ser espiritual, tú adoras a un Ser Espiritual, de manera que todo debe

> «DIOS ES ESPÍRITU; Y ES NECESARIO QUE LOS QUE LE ADORAN, LE ADOREN EN ESPÍRITU Y EN VERDAD»

comenzar en ese punto. Levantar las manos, por ejemplo, quizá sea adoración o quizá no lo sea.

¿Estás pensando en la carne al horno que prepararás para la cena? Eso no es adoración, sino solo levantar las manos. Si te concentras en Dios como objeto de tu adoración y eres cada vez más consciente de su persona cuando alzas tus manos, estarás adorando en realidad.

El Espíritu Santo te ayuda en tu adoración. Tu espíritu es la parte de tu ser que te motiva para adorar. Tu mente y tu cuerpo solo se ponen en línea con tu espíritu.

Comienzas con tus súplicas que se relacionan con la voluntad revelada de Dios. Usas tu mente para escribirla porque tiene que ver con lo que sabes. Entonces, empiezas a adorar. La adoración es la conexión que te lleva del ámbito mental al ámbito espiritual de intercesión. Te mueves desde una dimensión a la otra: fuera del ámbito natural, mental y lógico, y entras al ámbito espiritual.

En primer lugar, adoras con tu entendimiento; luego, a medida que el Espíritu te guía, adoras usando el idioma del espíritu, el cual que es el hablar en lenguas. Una adoración está en una lengua conocida mientras la otra está en una lengua desconocida.

Cuando adoras u oras en una lengua desconocida, el Espíritu Santo comenzará a interceder por medio de ti en cuanto a las cosas que desconoces. Según Pablo en Romanos, «nosotros no sabemos qué quiere Dios que le pidamos en oración, pero el Espíritu Santo ora por nosotros con gemidos que no pueden expresarse con palabras» (Romanos 8:26, NTV). Pablo se refiere al Espíritu Santo. Jesús se refirió a Él como «otro Consolador» en Juan 14:16.

Consolador, en griego, significa literalmente «llamado al lado de uno»[3]. Desde el punto de vista histórico, el término consolador «se usaba en las cortes de justicia para denotar a un asistente legal, un defensor, un abogado; de ahí, generalmente, el que aboga por la causa de otro, un intercesor, abogado»[4]. La palabra *otro* implica que ambos son de la misma clase y no de otra[5]. El Espíritu Santo y Jesús están

> «NOSOTROS NO SABEMOS QUÉ QUIERE DIOS QUE LE PIDAMOS EN ORACIÓN, PERO EL ESPÍRITU SANTO ORA POR NOSOTROS CON GEMIDOS QUE NO PUEDEN EXPRESARSE CON PALABRAS»

hechos de la misma sustancia y ambos obran juntos a nuestro lado en la corte de justicia celestial.

Cuando estoy orando en lenguas, llega un momento en que el Espíritu Santo comienza a interceder por medio de mí. La palabra *intercesiones*, según se usa en 1 Timoteo 2:1, significa buscar la presencia de Dios y «hacer una petición, o interceder [ante Él] por otros»[6]. En cierta época era «primariamente encontrarse con, a fin de conversar; luego, hacer petición y, especialmente, interceder, rogar a alguien, bien a favor o en contra de otros»[7].

El Espíritu Santo se pone a tu lado y te ayuda a orar. Como parte de la Deidad, Él conoce todas las cosas y es capaz de orar por cuestiones que tú desconoces. Él no va a orar nada en contra de la voluntad de Dios. Él solo puede orar la voluntad de Dios. Al terminar, sabes que has hecho la oración perfecta cubriendo todos los aspectos necesarios.

Cada vez que he terminado de interceder, estoy convencido de lo que sé. Si no llego a ese punto, vuelvo a adorar a Dios. Por lo general, recibo una declaración en lenguas y la interpreto. A través de esa interpretación, Dios me dice lo que debo hacer a continuación, de manera que no estoy nunca en la oscuridad. Sé que ya lo tengo o sé lo que debo hacer a continuación. Se trata de desligarse de esas oraciones de «Bueno, oremos y dejémoslo en las manos de Dios».

En 1 Corintios 14:15, Pablo menciona un enfoque similar: «¿Qué debo hacer entonces? Pues orar con el espíritu, pero también con el entendimiento; cantar con el espíritu, pero también con el entendimiento» (NVI). Al iniciar con las súplicas y luego moverme a la adoración y a las intercesiones, se saca a la oración del ámbito de la mística y se coloca en el orden espiritual de Dios para que pueda dar resultados.

DEMOS GRACIAS

Después de la respuesta natural de la oración de súplica, de la adoración espiritual y de la intercesión es dar gracias. Al dar gracias expresamos nuestra gratitud. No hay dudas de que si le pedimos algo a alguien y este promete dárnoslo,

> «¿QUÉ DEBO HACER ENTONCES? PUES ORAR CON EL ESPÍRITU, PERO TAMBIÉN CON EL ENTENDIMIENTO; CANTAR CON EL ESPÍRITU, PERO TAMBIÉN CON EL ENTENDIMIENTO»

por cortesía le daremos las gracias. Cuando le pides a Dios algo que Él te ha prometido en su Palabra, no hace falta que alguien te diga que debes decir: «Gracias». Sin embargo, muchas peticiones no están completas solo porque les falta una palabra de gratitud.

En la actualidad, vivimos en una sociedad de lo instantáneo, y deseamos acercarnos a Dios también de manera instantánea. Entonces, nos preguntamos por qué no da resultado como esperamos. Cualquier cosa que valga la pena requiere tiempo. Si quieres tener un buen matrimonio, eso te llevará tiempo. Si quieres tener una buena iglesia, también te va a llevar tiempo.

Quizá digas: «Pero Señor, te lo pedí. ¿Por qué no lo he recibido todavía?». A lo mejor tu actitud no es buena o tal vez no tengas un corazón agradecido. Necesitas ser amable y gentil. Él te salvó, te sanó, te llenó con su Espíritu. Tienes muchas cosas por las que estar agradecido. Esa sola palabra, sencilla como parece, *puede ser muy determinante*.

El Salmo 118:1-29 es un ejemplo bíblico de lo que denomino la teoría del sándwich, lo cual posiciona el ruego en medio de la oración entre un agradecimiento al principio y otro al final. El salmista dedica los primeros veinticuatro versículos de su petición a darle las gracias a Dios porque: Él es bueno, porque para siempre es su misericordia, Él responde cuando el salmista lo busca, le da libertad, está con él, es su ayuda, su fuerza, su canto y su salvación; y, por último, por haberlo escuchado. Qué interesante es notar aquí que su petición solo ocupa un versículo: «SEÑOR, ¡danos la salvación! SEÑOR, ¡concédenos la victoria!» (v. 25, NVI). Una vez que hizo su petición, vuelve a darle gracias a Dios y a alabarlo en los últimos cuatro versículos. David era un hombre conforme al corazón de Dios que prosperó. David era más consciente de darle gracias a Dios que de su necesidad.

En la historia de los diez leprosos que encontramos en Lucas 17:12-19, los leprosos fueron sanados y limpiados, pero uno solo fue sano por completo. No era un judío, sino un samaritano. Regresó a dar las gracias y alabar a Jesús por lo que había hecho. Jesús le dijo que su fe lo había salvado.

Era común que la piel del leproso se pudriera. Muchas veces perdían miembros del cuerpo. Los diez fueron sanados y limpiados, pero aquel que regresó para agradecer

«SEÑOR, ¡DANOS LA SALVACIÓN! SEÑOR, ¡CONCÉDENOS LA VICTORIA!»

y alabar a Jesús también fue restaurado por completo. Dios honrará la fe y se producirá la sanidad. Una actitud agradecida hará que seas pleno. Se sustituirá lo que te falte.

Durante algún tiempo, deseaba que mi hijo pudiera comprarse otro automóvil. Él tenía un auto deportivo, vivía en un apartamento y se esforzaba por ir a la escuela. No podía mantener un auto costoso y necesitaba uno más económico, pero uno sabe cómo son los chicos de veintitantos años. El aspecto económico no les importa demasiado. Él necesitaba un auto económico *y* que luciera bien.

Hice mi petición al Señor por un automóvil para él. Confeccioné una lista de todo lo que era importante, tanto para mi hijo como para mí. Hice mi petición al Señor un sábado. De regreso del culto del domingo por la noche, compré un periódico. Luego, fui a través de todo el periódico marcando los autos que me parecían interesantes.

Seguí orando a la mañana siguiente, alabando y agradeciendo a Dios por haberme guiado a hacer lo que debía. Mis ojos fueron directo hacia un anuncio en particular. Llamé al dueño. Parecía ser una oportunidad. Fui a ver el automóvil. Me gustó. Llamé a mi hijo para que también fuera a verlo. Lo vio y le gustó también. A las once de la mañana ya habíamos comprado el auto. Lo único que tuvimos que hacer fue presentar ante Dios nuestra petición y comenzar a darle gracias por esto.

Los versículos que siguen a 1 Timoteo 2:1 expresan con exactitud por quiénes deberíamos orar: «por los reyes y por todos los que están en eminencia» (1 Timoteo 2:2). Quizá

> «EXHORTO, ANTE TODO, QUE SE HAGAN SÚPLICAS, ORACIONES, INTERCESIONES Y ACCIONES DE GRACIAS POR TODOS LOS HOMBRES; POR LOS REYES Y POR TODOS LOS QUE ESTÁN EN EMINENCIA»

tomes este versículo de la Escritura y ores por el presidente. Yo lo he hecho. Creíamos estar orando por los que están en autoridad, de manera que oramos por el rey, el primer ministro, los jueces, el tribunal supremo o por alguien que ocupara un alto cargo.

Vuelve a leer los versículos 1 y 2. Él dice: «Exhorto, ante todo, que se hagan súplicas, oraciones, intercesiones y acciones de gracias por todos los hombres; por los reyes y por todos los que están en eminencia». El primer versículo enfatiza *por todos los hombres*, mientras que el segundo versículo dice: *por los reyes*. Dios ha hecho que todos los creyentes sean reyes, según lo expresa Apocalipsis 1:6 (RV-60). Este pasaje bíblico tiene validez también para el creyente. Efesios 6:18 enfatiza en el creyente cuando se refiere a la oración y a la súplica. La única diferencia es que este pasaje emplea la frase *por todos los santos* (RVC)

La segunda parte del versículo dos dice: «por todos los que están en eminencia». De acuerdo a W.E. Vine, define la palabra «eminencia» [en 1 Timoteo 2:1] como «excelencia»[8] o un *lugar eminente*.

Un taxista puede ocupar un lugar de eminencia dentro de su campo de autoridad. Con demasiada frecuencia hemos tomado este pasaje para aplicarlo solo a un pequeño grupo de personas cuando Dios quiso que lo aplicáramos a un grupo mucho mayor.

Esto no solo es válido para los que están en un sitio de gran autoridad, sino también para los que ocupan un lugar de eminencia, un lugar de importancia. Lo creas o no, los ujieres ocupan un lugar de eminencia dentro de la iglesia. Tienen autoridad. Se la han delegado los pastores.

Te daré un ejemplo. Mi equipo y yo debíamos asistir a un retiro. En ese hotel las comidas jamás fueron buenas. Cuando la secretaria hizo las reservaciones, ellos ofrecieron servir refrescos y café a nuestra llegada. Ella les dijo que no lo hicieran en ese momento, sino después de la cena. Pues bien, ellos no prestaron atención a nuestro pedido.

Nos registramos en el hotel por la tarde y nos fuimos a descansar. Cuando era la hora de cenar, nos aseamos y nos dirigimos al comedor. Al entrar noté que no había comida. Solo tenían un camarero en todo el hotel y estaba asignado al servicio a las habitaciones.

Mi primer pensamiento fue: *Yo estoy pagando y espero que solucionen esto. Si el servicio de comidas no me satisface, hablaré con el gerente. Si no le gusta, hablaré con el dueño. Y de ser necesario, me dirigiré a la sede que administra esta cadena de hoteles.*

Hay momentos en los que tenemos nuestros derechos. Soy de la clase de personas que intenta ser amable, mientras que otros lo son por naturaleza. Mi esposa es una de esas personas agradables. A mí me cuesta un poco de trabajo. Soy inquieto e impaciente. Si algo parece que no va a dar resultado, yo haré que dé resultado.

Muchas veces, como cristianos hemos malinterpretado nuestros derechos y nos hacemos los sumisos cuando deberíamos plantarnos firmes. Y hay ocasiones en que sucede todo lo contrario.

Hace falta sabiduría para poder discernir qué hacer en cada momento. En esa oportunidad, yo estaba subido a mi caballo, listo para salirle al paso a alguien.

El Espíritu del Señor me dijo: «¿Por qué no pones en práctica lo que predicas?». De inmediato, comencé a seguir el orden en la oración que había aprendido.

Nuestra gente no tenía problemas ni exigencias, así que comenzaron a servirse ellos mismos el agua y el café. Era lo único que había en el comedor. Recuerda que el camarero estaba atendiendo los pedidos de las habitaciones. Se había puesto nervioso y se acercó corriendo mientras nos decía: «Si dejan todo en su lugar, yo los serviré. Tan solo esperen un momento». Él se sentía terriblemente frustrado y nosotros solo queríamos algo para beber. La tensión aumentaba.

El Espíritu del Señor me dijo: «Sé amigable con el camarero». Así que me le acerqué y le dije algunas bromas para hacerlo reír. Oré por el hombre encargado de la comida, por el cocinero y por el camarero. Oré por estos hombres porque eran los encargados de los alimentos. El primero tenía autoridad. Era el que daba las órdenes sobre la comida.

Podría haberme puesto de pie y proclamar: «Padre, te doy gracias porque según lo que expresa Marcos 11:24, creo que recibiré mi alimento». Y podría haber seguido declarando y declarando, pero habría aplicado mal las Escrituras. Cuando hacemos eso, podemos enojarnos con Dios porque no responde a nuestra oración.

En este caso, necesitaba orar por los hombres. Cuando lo hice así, la comida llegó con inusitada rapidez y fue la mejor comida que probamos en ese lugar. Eso me dejó perplejo.

Jesús murió por las personas, pero muchas veces nos pasamos todo el tiempo orando por cosas. No estoy en contra de orar por las cosas, ¿pero por qué no le dedicamos tiempo a orar por las personas que tienen autoridad sobre las cosas?

El resultado de orar respetando el orden de 1 Timoteo 2:1 se encuentra en el versículo 2: «para que llevemos una vida tranquila y reposada en toda piedad y dignidad». ¿Deseas una vida así? Las cosas no habrían sido tranquilas ni reposadas en ese hotel si yo hubiera alzado la voz y hubiera exigido que se cumplieran mis derechos. Cuando oré conforme a 1 Timoteo 2:1, tuve una vida tranquila y reposada.

Una vez que traté al camarero como a un amigo, me le acerqué al finalizar la cena, le di un abrazo y le dije: «Fuiste una bendición para nosotros. Quisiera orar contigo». Y me respondió: «No, tengo que cumplir con el servicio a las habitaciones. Debo marcharme». Estaba muy nervioso. Al día siguiente, cuando me crucé con él, me saludó con efusión y se mostró dispuesto a la conversación de manera que pude hablarle del Señor. Si la noche anterior le hubiera hecho valer mis derechos, jamás habría podido testificarle.

Lee los versículos 3 y 4: «Esto es bueno y aceptable delante de Dios nuestro Salvador, quien quiere que todos los hombres sean salvos y que lleguen al conocimiento de la verdad». Cuando vivimos una vida quieta y reposada, nos resulta más sencillo acercarnos a los demás y ellos se vuelven más receptivos. Él desea que sean salvos de la ira del hombre, del pecado y de las circunstancias. «Porque hay un solo Dios y un solo mediador entre Dios y los hombres, Jesucristo hombre, quien se dio a sí mismo en rescate por todos, de lo cual se dio testimonio a su debido tiempo» (1 Timoteo 2:5-6).

Al igual que puede acelerarse el proceso de sanidad, también puede acelerarse la salvación de las personas. Cuando todo está en orden, la herida se limpia y se venda, entonces puede sanarse con mayor rapidez ya que no debe luchar contra la infección. Lo mismo sucede con la salvación de las personas. Cuando los cristianos no las han maltratado ni atacado, su encuentro con Dios puede llegar más pronto.

Muchas veces Dios debe andar solucionando las cosas por detrás de su pueblo debido a las palabras hirientes que han pronunciado. Salen y producen mucho daño... Mejor sería que se calmaran y oraran por las personas.

> «PORQUE HAY UN SOLO DIOS Y UN SOLO MEDIADOR ENTRE DIOS Y LOS HOMBRES, JESUCRISTO HOMBRE, QUIEN SE DIO A SÍ MISMO EN RESCATE POR TODOS, DE LO CUAL SE DIO TESTIMONIO A SU DEBIDO TIEMPO»

En varias oportunidades, el hermano Hagin ha dicho: «Mejor es ser demasiado lento que demasiado rápido». Acudí al Señor para descubrir lo que significaba en verdad esa frase. Y el Señor me dijo: «Es mejor ser demasiado lento que demasiado rápido porque es más sencillo hacer malabares que limpiar». Por esta razón muchas personas no están hoy en el reino. Algunos cristianos son demasiado impulsivos. Les responden mal a las personas y producen mucho daño. A veces hace falta que alguien se acerque a amar a la gente antes de que puedan alcanzar el tiempo propicio para salvación.

No es una crítica, pero creo que nos falta el conocimiento y no hemos hecho las cosas en orden. Si las colocamos en el orden debido, darán resultados. Será agradable a Dios y se acelerará la salvación de las personas.

En ocasiones, a mi vida personal y a mi ministerio los han atacado por cosas del pasado. El pasado es el pasado. Terminó. Los representantes espirituales de la justicia desean limpiarlo todo y fortalecer a todos. Les tengo noticias. Solo la sangre de Jesús puede hacer eso.

Cuando alguien me ataca, lo primero que pienso es: *Dios, destrúyelo*. De inmediato, en mi interior reconozco que eso no es de Dios porque Él es un Dios de amor. Él dijo: «Mía es la venganza; yo pagaré» (Romanos 12:19).

Mi tarea es orar por ellos. Jesús, en el Sermón del Monte, nos amonesta a que oremos por quienes nos maltratan y nos persiguen (Mateo 5:44). Así lo hice. Dediqué un tiempo a orar y ayunar, y descubrí los pasajes de la Escritura que se relacionan con esta situación en particular.

«MÍA ES LA VENGANZA; YO PAGARÉ»

Mientras tanto, me mutilaron, me despedazaron y me crucificaron. Es difícil mantener la boca cerrada y pronunciar una oración eficaz. No podía orar enojado y lleno de furia. El temor quiso inundarme. Pensé: *No podré volver a predicar.* Sin embargo, busqué en las Escrituras, permanecí en la Palabra y oré en el Espíritu Santo.

Estaban atacando mi ministerio por causa de mi pasado. Las personas comentaban. Fui presa del temor que intentó decirme que destruirían mi ministerio y que jamás llegaría a nada. El temor decía: «Este es el fin. Termina ya con esto».

Me llevó diez días de oración y ayuno antes de que pudiera volver a tener la mente y el corazón de Cristo. Me llevó todo ese tiempo poder liberarme y limpiarme. Escribí una petición. Esta era la primera vez que escribía una petición en el campo de las relaciones. Le había hecho ruegos al Señor en algunas situaciones no tan críticas, pero esta era la primera vez en que me enfrentaba a algo que estaba afectando mi corazón, mi mente y mi ministerio.

Después de considerar un sabio consejo, puse por escrito mi súplica y la hice lo más legal que pude. Tenía poco más de dos páginas. Con cada frase, agregaba la referencia bíblica en el margen. Contaba con treinta y cuatro referencias de las Escrituras, y ocho más en la súplica en sí. En total, eran cuarenta y dos versículos.

Al cabo de esos diez días, tenía en mis manos una oración que podía pronunciar. Hice esa oración por ese individuo y por dos personas más. Una semana más tarde, se terminó toda la comunicación maligna de parte de estas tres personas. La tormenta acabó porque Dios no niega su Palabra. La oración es el mejor camino.

La reacción normal es hablar acerca de ellos, pelear, argumentar y criticar. La iglesia ha recurrido a los métodos del mundo durante años. Dios está preparado para hacernos volver a su verdad y hacer que oremos por los que nos maldicen y nos odian, nos maltratan y nos persiguen (Mateo 5:44). Durante el proceso, comenzamos a amarlos y a sentir el mayor de los respetos y estima por ellos.

Solo Dios puede poner esto en ti. Es algo que no puedes producir por tu cuenta, por más bueno que parezca. Cuando no está, no está. Si Dios no produce el amor dentro de ti a través de su Palabra y por medio de su Espíritu, todo es vanidad y tus esfuerzos serán inútiles.

Me muevo con libertad porque mantenemos una relación donde reina el amor. No tengo nada malo que decir de ellos. Solo puedo expresar conceptos buenos. Estoy orando por ellos y la situación cambió. Sufrió una muerte súbita porque oré la verdad de la Palabra de Dios. No es algo que haya hecho yo. No es porque yo sea una gran persona. Todo tiene que ver con Dios, con su Palabra, con su Espíritu y con el poder de su nombre. Puedo ponerme en la cima y gritar victoria. Ya no hay condenación. Puedo avanzar e influir en las vidas de las personas que Dios quiere que lo haga.

VAMOS A CONOCERLO

La Biblia dice que conoceremos la verdad y la verdad nos hará libres (Juan 8:32). El conocimiento de la verdad es lo que te hace libre. Jesús te hace libre, pero esto no se convierte en una realidad hasta que lo conoces.

Todo el mundo tiene su propia relación con Dios. Y no puedes incluir a cualquiera. La clave de lo que la hace real y valiosa es si construirás esa intimidad con Dios para conocerlo. Cuando conoces su voz, no necesitas de ninguna manifestación espectacular. Permítele que te hable de la manera en que lo hace siempre.

La única manera en que conocerás su voz es si pasas tiempo con Él y desarrollas una relación de intimidad. Tomemos por ejemplo mi relación con mi esposa. Yo puedo estar en Botsuana, Australia o Japón, pero cuando la llamo, ella reconoce mi voz. Me ha escuchado tantas veces que sabe quien soy sin que se lo diga.

La mayoría de los cristianos conoce la voz de la carne y la voz del temor. Hay muchas voces que nos rodean y todas tienen su importancia. Lo importante que debes preguntarte es: ¿Conoces la voz de Dios? ¿Lo conoces a Él?

Para algunas personas, Dios está allá arriba en el cielo. Eso es maravilloso y magnífico, pero Él también está aquí a mi lado. Es mi amigo y lo tengo en mi corazón y puedo abrazarlo.

Tal vez me cuestiones porque te sientas abrumado por los problemas y las circunstancias. Quizá digas: «No hago nada bien. Mi vida es un lío que jamás podré solucionar». Sin embargo, esa es una mentira que proviene de las profundidades del infierno, porque con Dios todo es posible, pero tienes que acudir a la Palabra y pasar tiempo con tu Padre celestial. Si haces esto, Él va a ministrarte.

Quizá te encuentres en una situación crítica en la que pareciera no haber salida, entonces tienes que hacer una súplica donde pidas lo que necesitas. Primero, siéntate y pon por escrito tu petición. Luego, busca en las Escrituras para asegurarte de que lo que pides está dentro de la voluntad de Dios para tu vida. Incluye esos pasajes en tu petición. Al hacerlo, descubrirás que tu fe aumenta. Tu esperanza se transformará en fe al conocer lo que la Palabra de Dios tiene que decir acerca de tu situación.

Tu súplica tiene que ver con la voluntad revelada de Dios. Sin embargo, dado que tu conocimiento es limitado, debes darle al Espíritu Santo libre albedrío para que se ocupe de los elementos desconocidos que tal vez estén involucrados. A fin de hacerlo, debes orar en tu lenguaje de oración, haciendo uso de la oración de intercesión. La adoración es una de las mejores maneras en que puedes hacer la transición del ámbito mental al ámbito espiritual. Mientras oras y mantienes tu mente y tu corazón concentrados en Dios, Él irá amalgamándolo todo. Tu oración estará de acuerdo con la voluntad de tu Padre celestial y abarcará hasta lo que desconoces. Al terminar, habrás orado según lo conocido y habrás cubierto también lo que no conoces.

Al terminar, será sencillo darle gracias porque sabrás que has recibido la petición que deseas de Él, y en el proceso lo habrás conocido más y habrás apreciado aun más su amor por ti. Cuando oras de esta manera, no te vencerán y verás que con Dios las situaciones que creíste imposibles se convertirán en posibles.

UN SALMO DE ALABANZA

Por lo tanto, alza tu rostro y regocíjate conmigo en el salmo que el Señor me ha dado y que dice:

> Estoy muy feliz por ser libre.
> Satanás ya no tiene poder sobre mí
> porque soy libre y me regocijo
> aun más por eso.
> Bendito sea Dios, porque he atravesado
>   una nueva puerta espiritual,
> una puerta de oración y una puerta de
> alabanza.
> Y lo haré con mis manos levantadas
> porque el Espíritu de Dios es el que me
> impulsa.
> Él fluye con poder y en completa
> libertad.
>
> De manera que me regocijo y entono la
> canción.
> Y lo seguiré haciendo a lo largo del día
> porque el poder de Dios está vivo.
> Sí, Señor, voy a danzar.
> Algunos se habrán confundido.
> Y quizá hayan pensado:
> *El mundo me ha usado.*

¿Cómo puedo levantarme y cantar?
Necesito que me ayude mi glorioso Rey.

Pues bien, levántate, ponte de pie ahora
mismo,
y Él te librará con su poder.
Cuando comiences a alabar,
esto no se dilatará
porque el Espíritu de Dios quiere obrar
en ti.
Él quiere obrar en cada uno.
Así que deja que su poder se alce con
fuerza,
y descubrirás que los días ya no serán
largos ni terribles.

Al contrario, te levantarás con un
corazón renovado,
    y sabrás que el Espíritu de Dios
no se irá.
Sino que te sustentará y te guardará con
    su poder
porque estás a punto de entrar en el
    mejor momento,
en el mejor momento para que
    la iglesia cante,
en el mejor momento para adorar al Rey,

en el mejor momento para salir adelante,
en el mejor momento porque la victoria
    ya está ganada.

Así que regocíjate y entona
una nueva canción
    y canta durante todo el día.

NOTAS

Capítulo 1

[1] James Strong, *Nueva concordancia Strong exhaustiva*, «Diccionario de palabras griegas», Grupo Nelson, Nashville, TN, p. 19, n.º 1162.

Capítulo 2

[1] *Webster's New Twentieth Century Dictionary*, segunda edición, bajo la palabra «supplication».

[2] Strong, p. 21, n.º 1162.

[3] *Webster's*, bajo la palabra «petition».

[4] W.E. Vine, *Vine: Diccionario Expositivo de Palabras del Antiguo y del Nuevo Testamento Exhaustivo*, Grupo Nelson, Nashville, TN, segunda parte, p. 870, véase «ORAR, ORACIÓN», «B. Nombres», N.º 3 *deesis*.

[5] *Webster's*, bajo la palabra «earnest».

[6] Vine, segunda parte, p. 870, «nota».

[7] Strong, p. 81, n.º 4865.

[8] Strong, p. 8, n.º 75.

Capítulo 4

[1]   Vine, p. 157, bajo la palabra «CESAR», «C. Adverbio».

[2]   Strong, p. 61, n.º 4335.

[3]   Vine, p. 195, bajo la entrada «CONSOLAR, CONSOLACIÓN, CONSOLADOR», «B. Nombres», n.º 3.

[4]   Vine, p. 195.

[5]   Vine, ver la p. 605, bajo la palabra «OTRO».

[6]   Vine, p. 462, bajo la palabra «INTERCEDER», n.º 2.

[7]   Vine, p. 462, n.º 1.

[8]   Vine, p. 309, bajo la entrada «EMINENCIA, EMINENTE», «A. Nombre».

Acerca del Autor
Dr. Doyle «Buddy» Harrison

«A través de la disciplina y de la preparación recibirás más; y siendo fiel y obediente, Dios te dará incluso más todavía, de modo que puedas cumplir con la posición de liderazgo a la que te ha llamado Dios».

Buddy Harrison

Buddy Harrison, junto a su esposa Pat, fueron los cofundadores de la congregación *Faith Christian Fellowship International Church*. Sirvió como presidente de la organización desde 1978 hasta que partió al hogar celestial para estar con el Señor el 28 de noviembre de 1998. El Señor le ordenó a Buddy que fuera pastor de pastores y ministros, dándoles orientación en el ámbito espiritual y secular. La *Faith Christian Fellowship International Church* está relacionada con más de mil iglesias y dos mil ministerios del mundo. Entre sus programas se incluyen: Acreditaciones para ministros, afiliación y asociación de iglesias, planificación estratégica, centro de atención a las familias, asesoramiento legal, consultas contables, consultas administrativas en el lugar, servicios de mayordomía y programa internacional de misiones. En colaboración con *The Life Link* para acciones humanitarias, el Dr. Harrison confiaba por completo en el valor de las relaciones del pacto y el andar bajo autoridad, por lo que dejó un ejemplo para la familia de la *Faith Christian Fellowship International Church*. Hoy en día, bajo el liderazgo de Pat Harrison, la congregación sigue fomentando sólidas relaciones de pacto en todo el mundo entre sus pastores y sus iglesias.

Como cofundador y presidente de *Harrison House Publishers*, Buddy obedeció la visión de Dios y les proveyó un medio a los pastores para que pudieran imprimir su mensaje.

Harrison House sigue publicando mensajes bíblicos para el cuerpo de Cristo, cumpliendo su misión de desafiar a los cristianos a vivir una vida victoriosa, a crecer de manera espiritual y a conocer a Dios en profundidad.

Buddy Harrison incorporó con éxito su conocimiento y sus habilidades del mundo empresarial al llamado del Señor para su vida. Como maestro ungido y hábil empresario, viajó por el mundo para transmitir estos pasos hacia el éxito y la aceptación.

A fin de comunicarte con la Sra. Pat Harrison

escribe a:

Faith Christian Fellowship International Church, Inc.

P. O. Box 35443

Tulsa, OK 74153-0443

918-492-5800

Sitio web: www.fcf.org

*Por favor, cuando escribas, incluye tus peticiones
de oración y comentarios.*

Otros libros de Buddy Harrison

God's Banking System

Four Keys to Power

Getting in Position to Receive

How to Raise Your Kids in Troubled Times

Just Do It

Mantaining a Spirit-Filled Life

Man, Husband, Father

Seven Steps to a Quality Decision

The Force of Mercy (junto con el Dr. Michael Landsman)

Understanding Authority for Effective Leadership

Understanding Spiritual Gifts

ORACIÓN DE SALVACIÓN

Dios te ama... más allá de quién seas, más allá de tu pasado. Dios te ama tanto que dio a su único Hijo por ti. La Biblia dice: «para que todo aquel que en él cree, no se pierda, mas tenga vida eterna» (Juan 3:16). Jesús entregó su vida y resucitó para que pudiéramos pasar la eternidad con Él en el cielo y experimentar lo mejor de este mundo. Si quieres recibir a Jesús en tu vida, repite la siguiente oración en voz alta, sintiéndola de corazón:

Padre celestial:

Vengo a ti y reconozco que soy un pecador. En este momento decido dejar de lado el pecado y pedirte que me limpies de toda mi maldad. Creo que tu Hijo, Jesús, murió en la cruz por mis pecados. También creo que Él resucitó de los muertos para que yo pueda recibir el perdón de mis pecados y ser limpio por medio de la fe en Él. Quiero que el Señor Jesucristo sea el Salvador y el Señor de mi vida. Jesús, elijo seguirte y quiero que me llenes del poder del Espíritu Santo. Declaro en este momento que soy un hijo de Dios. Soy libre del pecado y estoy lleno de la justicia de Dios. Soy salvo en el nombre de Jesús. Amén.

Los ejemplares de este libro se encuentran
disponibles en tu librería local.

Editorial Unilit
Miami, FL 33172

MISIÓN DE EDITORIAL UNILIT

Nuestra misión es glorificar al Señor
proveyendo a la iglesia, a las personas de
habla hispana y al mundo los recursos y
los medios de comunicación apropiados
para entender el evangelio de Jesucristo
con claridad y para crecer en sus
relaciones con Él y su Iglesia.

MIS NOTAS

_____

_____

_____

_____

_____

_____

_____

_____

_____

_____

_____

MIS NOTAS

_____

_____

_____

_____

_____

_____

_____

_____

_____

_____

_____

MIS NOTAS

MIS NOTAS

_____

_____

_____

_____

_____

_____

_____

_____

_____

_____

MIS NOTAS

_____

_____

_____

_____

_____

_____

_____

_____

_____

_____

_____

MIS NOTAS

_____

_____

_____

_____

_____

_____

_____

_____

_____

_____

_____

MIS NOTAS

_____

_____

_____

_____

_____

_____

_____

_____

_____

_____

_____

MIS NOTAS

_____

_____

_____

_____

_____

_____

_____

_____

_____

_____

_____